WS Kids
WHITE STAR KIDS
White Star Kids® ist eine eingetragene Marke von White Star s.r.l.

Piazzale Luigi Cadorna, 6
20123 Mailand, Italien
www.whitestar.it

Übersetzung: Kirsten E. Lehmann
Redaktion: Beate Bücheleres-Rieppel

ISBN 978-88-6312-506-1
1 2 3 4 5 6   25 24 23 22 21

Gedruckt in Kroatien

MIX
Papier aus verantwortungsvollen Quellen
FSC® C019238

UMWELT-HELDEN

Leben für den Planeten

Texte von Federica Magrin

Illustrationen von Isabella Grott

WS Kids
WHITE STAR KIDS

Inhalt

Einleitung

Die hier vorgestellten zwanzig „grünen" Heldinnen und Helden haben sich zum Ziel gesetzt, die Zukunft unseres gefährdeten Planeten, die aufgrund der Ausbeutung durch den Menschen bedroht ist, zu sichern.

Nicht alle erhielten den GOLDMAN ENVIRONMENTAL PRIZE – der Preis, der geschaffen wurde, um all jene zu ehren, die sich aktiv für den Umweltschutz engagieren. Aber sie alle verdienen Anerkennung für ihre GROSSARTIGEN BEITRÄGE ZUR VERBREITUNG DES BEWUSSTSEINS IN SACHEN NACHHALTIGKEIT, das in der Öffentlichkeit noch nicht lange die verdiente Aufmerksamkeit erfährt. Doch der Weg ist nach wie vor weit. Die Verschmutzung der Weltmeere nimmt zu, die Temperaturen auf der Erde steigen an, tagtäglich sterben Arten aus und das Leben der Menschen steht auf dem Spiel. Wir dürfen nicht zulassen, dass diese ehrenwerten Männer und Frauen weiterhin allein kämpfen!

LIES IHRE UNGLAUBLICHEN GESCHICHTEN, LASS DICH VON IHREM MUT INSPIRIEREN – UND MACH SELBST MIT BEIM WICHTIGSTEN ÖKOLOGISCHEN KAMPF DER MENSCHHEIT!

Richard e Rhoda Goldman
Gründer des Goldman Environmental Prize

Ulysses S. Grant

1822-1885

ICH HABE DIE ENTWICKLUNG EINER ÖKOLOGISCHEN VISION zu einer Zeit gefördert, als das Thema noch gar nicht auf der Tagesordnung stand. Mein Land hatte eben erst einen blutigen Krieg hinter sich. Doch als Präsident der Vereinigten Staaten sah ich es als meine Pflicht an, neben der Wiederherstellung der Prinzipien einer friedlichen Koexistenz, zu denen vor allem die Menschenrechte zählen, auch zur Bildung eines allgemeinen Bewusstseins für die Bedeutung der Natur im Zusammenhang mit der menschlichen Entwicklung beizutragen. Und so unterzeichnete ich am 1. März 1872 die Widmung zur GRÜNDUNG DES WELTWEIT ERSTEN NATIONALPARKS: YELLOWSTONE. Mit dem Gesetz zum Schutz des Yellowstone Nationalparks wurde das Ziel festgeschrieben, eine grüne Zone als „öffentliche Anlage oder Vergnügungspark zur Wohltat und zum Vergnügen der Menschen" zu reservieren. Und so wurde daraus ein NATURPARK ZUR ERHOLUNG ALL JENER, DIE DEN WAHREN, AUTHENTISCHEN KONTAKT MIT DER NATÜRLICHEN UMGEBUNG SUCHTEN.

Ich war Kriegsveteran, General und ein Repräsentant der Staatenunion, die im Amerikanischen Bürgerkrieg gegen das Sklavenhaltersystem der Konföderierten kämpften. Ich kämpfte, auch wenn ich den Krieg nie befürwortet habe – außer als Mittel zum Frieden.

Als Präsident der Vereinigten Staaten, die sich nach einem grundlegenden Kampf für Menschrechte neu geordnet und vereint hatten, SAH ICH DIE NOTWENDIGKEIT, ZWECKS EINES NACHHALTIGEREN FRIEDENS, ALS ER IM AUGENBLICK MÖGLICH WAR, DER NATUR EINEN RAUM ZU ÜBERLASSEN – und zwar für die Zukunft des Landes. Viele hatten bereits Amerikas Westen erkundet und berichteten begeistert von dessen Wundern. Es war wichtig, einige Regionen so unberührt zu belassen, wie sie waren – trotz allen menschlichen Fortschritts und zum Wohl zukünftiger Generationen.

DIE GRÜNDUNG DES YELLOWSTONE NATIONALPARKS WAR EIN ERSTER SCHRITT AUF EINEM LANGEN WEG, der zur Gründung zahlreicher weiterer Nationalparks führte – nicht nur in den Vereinigten Staaten, sondern weltweit.

Julian Huxley 1887-1975

Mein Name wird häufig im Zusammenhang mit dem WWF genannt: dem World Wide Fund for Nature, einer internationalen Organisation zum Schutz von Natur und Umwelt, deren Wappentier, der Große Panda, vom Aussterben bedroht ist. Zusammen mit anderen berühmten Persönlichkeiten, darunter Prinz Philip, Herzog von Edinburgh, habe ich den WWF ins Leben gerufen – zu einer Zeit, als ich bereits über 70 Jahre alt war, und als Höhepunkt eines lang gehegten Traums von der Erhaltung der Arten, die auf unserem Planeten leben, bei gleichzeitiger Respektierung des natürlichen, durch die Menschheit bedrohten Gleichgewichts der Erde.

Ich habe vieles studiert, zahlreiche Bücher geschrieben und lange Jahre meine Energie der Natur und ihren Schätzen gewidmet; doch all das wäre mir vollkommen nutzlos erschienen, hätte ich nicht zugleich etwas Konkretes unternommen, um die Lebewesen und ihre Lebensräume zu bewahren – denn der Mensch, „ob er will oder nicht…, ist verantwortlich für die ganze weitere Entwicklung unseres Planeten."

Unter „Bewahrung der Lebewesen" wird häufig der Schutz der großen Tiere verstanden. Wir machen uns berechtigterweise Sorgen um Tiger, Gorillas und Nilpferde, beachten aber nur selten das Verschwinden einfacher, scheinbar unsichtbarer Organismen. Als Biologe wusste ich: Das darf nicht sein. Denn mir war klar, DASS JEDER TEIL DES LEBENSZYKLUS BEWAHRT WERDEN MUSS, DAMIT DAS GANZE SYSTEM FUNKTIONIERT.

Ich verstand das erst allmählich – durch das Studium kaum bekannter Arten wie des Axolotls, einer gefährdeten Salamanderart, und der INTERAKTION ZWISCHEN TIEREN UND IHRER NATÜRLICHEN UMGEBUNG SOWIE ZWISCHEN TIEREN UND MENSCHEN.
Für meine wissenschaftliche Arbeit und mein Umweltengagement erhielt ich zahlreiche Medaillen und Anerkennungen. Doch ich möchte vor allem als jemand in Erinnerung bleiben, „DEM ... NICHTS MENSCHLICHES UND NICHTS IN DER ÄUSSEREN NATUR FREMD WAR".

Rachel Louise Carson 1907-1964

Als ich für die Umwelt kämpfte, herrschte noch kein Bewusstsein für die von Menschen verursachten Schäden und deren Folgen für die Artenvielfalt auf der Erde und für den Menschen. ICH WAR, WAS MAN EINE PIONIERIN NENNT. Schon als Kind erwachte mein Interesse an der Natur. Da ich auf dem Land, umgeben von lauter Feldern, aufwuchs, bemerkte ich schon sehr früh, wie wunderschön alles Leben um mich herum und zugleich, wie fragil es war. Und so bemühte ich mich, anderen meine Botschaft verständlich zu machen und sie zu bewegen, meinem Beispiel zu folgen. Ich wäre überglücklich gewesen, hätte ich gewusst, dass eines Tages ein Park nach mir benannt werden würde: der *Rachel Carson Conservation Park* im US-Bundesstaat Maryland – denn WER INMITTEN DER SCHÖNHEIT UND DES ZAUBERS DER ERDE WOHNT, WIRD NIEMALS ALLEIN ODER DES LEBENS MÜDE SEIN.

Als Biologin und Angestellte der US-Behörde zur Erhaltung der Natur und ihrer Artenvielfalt beschäftigte ich mich zunächst mit den Meeren und aquatischen Ökosystemen und warb für ein leidenschaftliches Umweltengagement. Eines Tages schrieb mir eine Frau namens Olga. Sie betrieb ein Vogelreservat und ihr bereiteten die Auswirkungen von Pestiziden und Insektiziden auf die Gesundheit der Tiere große Sorgen. Ich hegte seit Langem ähnliche Befürchtungen und ihr Hilferuf spornte mich an, endlich etwas zu tun. Also begann ich zu recherchieren, sorgfältig zu analysieren ... und zu handeln. Das Ergebnis war *Der stumme Frühling*, ein Buch, das auf Bauern und Produzenten von Pestiziden weltweit immensen Einfluss ausübte. Ich wurde kritisiert und angegriffen, doch DIE GROSSE ÖFFENTLICHKEIT UNTERSTÜTZTE MICH. Als ich starb, waren Insektizide wie DDT, die ich vehement abgelehnt hatte, noch immer im Handel. Doch die Lage verbesserte sich: Immer mehr Regierungen verboten solche umweltschädlichen Substanzen. Und das ist gut so, denn JE STÄRKER WIR UNSERE AUFMERKSAMKEIT DEN WUNDERN UND REALITÄTEN UNSERES UNIVERSUMS WIDMEN, DESTO WENIGER GEFALLEN WERDEN WIR DARAN FINDEN, SIE ZU ZERSTÖREN.

Jacques-Yves Cousteau

1910-1997

Als ich starb, hinterließ ich neben meinem Vermächtnis eine Organisation, die Cousteau Society, l'ÉQUIPE COUSTEAU, die sich der Umwelt und ökologischen Aufklärung widmet. Mein vielleicht größter Beitrag für die breite Öffentlichkeit lag in meinem Verständnis und meiner Wertschätzung des AM WENIGSTEN BEKANNTEN UND WOHL WICHTIGSTEN LEBENSRAUMS UNSERES PLANETEN, DEM WASSER - unseren Ozeanen, Binnenmeeren, Seen und Flüssen. Das buchstäbliche Hinabtauchen in die Tiefen wurde mir zur Bestimmung und ließ mich den Reichtum entdecken, der in jeder Ecke unseres Planeten schlummert. Und mir wurde klar, wie sehr es an jedem einzelnen von uns liegt, für dessen Erhalt zu sorgen. Nach dem magischen Moment, als sich meine Augen für das Meer öffneten, konnte ich nicht länger so sehen, denken und leben wie vorher.

Als ich die Calypso, ein ausgemustertes Minensuchboot, erhielt, baute ich es zu einem Forschungsschiff für OZEANOGRAFISCHE EXPEDITIONEN um und stattete es mit einem Labor zur UNTERWASSERBEOBACHTUNG AUS. DAS SCHIFF WURDE MEINE WERTVOLLSTE FORSCHUNGSSTÄTTE.

Mit diesem schwimmenden Labor fuhr
ich durch die Weltmeere und dokumentierte
die Wunder der Unterwasserwelt.
Und ich baute Unterwasserbehausungen,
in denen sich für kurze Zeit leben ließ.
Ich widmete all meine Zeit und
Aufmerksamkeit dem Wasser – denn
ich erkannte früher als die meisten:
DER ZYKLUS DES WASSERS
UND DES LEBENS SIND EIN
UND DERSELBE.

David Attenborough 1926

Als ich klein war, faszinierten mich Fossilien und Spuren, die einstige Lebewesen hinterlassen hatten. Zu dieser Leidenschaft für prähistorische Pflanzen und Tiere kam später eine für lebende Arten hinzu – und mit der Zeit verstand ich mehr und mehr, in welchem Ausmaß DAS VERHÄLTNIS ZUM MENSCHEN UND ZUM TECHNOLOGISCHEN FORTSCHRITT DIESEN ARTEN ZUM VERHÄNGNIS WERDEN KONNTE. Fast mein ganzes Leben habe ich den Wundern der Natur auf diesem Planeten und ihrer Dokumentation gewidmet. Es war eine große Ehre, dass einige nach mir benannt wurden – etwa die merkwürdige fleischfressende Kannenpflanze *Nepenthes attenboroughii* oder die winzige *Myotis attenboroughi*.
DENN DIE NATUR, SO SCHEINT MIR, IST DIE GRÖSSTE QUELLE DER BEGEISTERUNG.

Ich selbst hatte gar keinen Fernseher, als ich für den englischen Sender BBC zu arbeiten begann. Doch ich begriff das Potenzial dieses Kommunikationsmediums, um wichtige Inhalte für ein Bewusstsein von der Erde und ihren Lebewesen zu verbreiten. Mehr als 50 Jahre lang reiste ich durch die Welt und lieferte in Fernsehdokumentationen eine genaue Beschreibung dessen, was uns Menschen umgibt, um DIE BREITE ÖFFENTLICHKEIT ÜBER DIE BEDEUTUNG VON NATURSCHUTZ AUFZUKLÄREN. Der Titel meines letzten Projekts, *Unser Planet*, erklärt es: „Unsere" Erde bedeutet, dass wir für sie Sorge tragen. Denn die Wahrheit ist: Unsere NATUR verändert sich. Und wir sind absolut abhängig von ihr. Sie versorgt uns mit Nahrung, Wasser und Luft. SIE IST DAS WERTVOLLSTE, DAS WIR HABEN UND WIR MÜSSEN SIE VERTEIDIGEN.

Raoni Metuktire 1930

Nach mir wurde ein Dokumentarfilm über den Überlebenskampf der indigenen Völker benannt, in dem auch der amerikanische Schauspieler Marlon Brando auftrat, der ihn lange unterstützte. Doch es war der englische Popmusiker Sting, der meinen Kampf international bekannt machte: DIE RETTUNG DES REGENWALDES AM AMAZONAS UND SEINER BEWOHNER. Diese Begegnung führte zur Gründung der Rainforest Foundation, einer Organisation zum Schutz der indigenen Völker am Amazonas und des Regenwaldes, in dem sie leben. Als Häuptling des Kayapo-Volkes im brasilianischen Bundesstaat Mato Grosso konnte ich den Kampf zum Schutz des Amazonas nicht ignorieren. Zugleich aber liegt, so denke ich, diese Aufgabe in der Verantwortung aller Menschen, egal, wo sie geboren wurden, denn wir atmen alle dieselbe Luft, trinken dasselbe Wasser. Wir leben alle auf diesem Planeten – UND MÜSSEN DIE ERDE SCHÜTZEN.

Das besondere Merkmal, an dem ich zu erkennen bin, ist die leuchtend rote Lippenscheibe, die ich seit meiner Jugend trage: ein Zeichen meines Stammes.

Damals ahnte ich noch nicht, dass mich diese Entscheidung dazu bringen würde, mein Leben einem äußerst schwierigen Kampf zu widmen: DEM ÜBERLEBEN.

Indigene Völker leben in engem Kontakt mit der Natur, die sie umgibt. Ökonomische und politische Interessen jedoch bedrohen das Gleichgewicht zwischen Mensch und Natur und riskieren dabei das für alle wichtigste Gut: die Erde und ihre wertvollen Gaben. Deshalb war ich gegen Bauprojekte wie den Belo-Monte-Damm – eine echte Katastrophe für die indigenen Menschen, die in dessen Nähe leben! Ich werde weiter für den Erhalt der Umwelt kämpfen, denn UM ZU LEBEN, MUSST DU DIE WELT, DIE BÄUME, DIE PFLANZEN, DIE TIERE, DIE FLÜSSE UND DIE ERDE SELBST RESPEKTIEREN.

Dian Fossey

1932-1985

Ich habe viele Jahre lang das Leben der Gorillas erforscht. Doch der Grund für meinen ersten Afrikabesuch waren sie nicht. Damals war ich auf der Suche nach der noch unberührten Natur und wollte wenigstens einen Teil dieses einzigartigen Kontinents und die unglaublichen Tierarten, die dort lebten, erkunden. Um mir meinen Traum zu erfüllen, machte ich Schulden. Doch es hat sich gelohnt, denn so fand ich meine Bestimmung. Meine erste Begegnung mit den Gorillas werde ich nie vergessen. Ich hatte das Gefühl, unter LEBEWESEN GERATEN ZU SEIN, DIE MIR SEHR ÄHNLICH WAREN, DEREN GEFÜHLE ICH TEILEN UND MIT DENEN ICH IN KONTAKT TRETEN KONNTE. Indem ich ihnen demütig und geduldig begegnete, entwickelte sich langsam eine echte Beziehung gegenseitiger Freundschaft zwischen uns. Und ich erkannte bald ihre Gefährdung durch die skrupellose Gier von Menschen, denen die Zerstörung ihrer Welt gleichgültig war.

Mein Projekt hätte noch länger andauern können. Doch mein entschiedenes Eintreten für den Schutz der Gorillas stieß an zu viele wirtschaftliche Interessen, die nichts mit der Natur zu tun hatten. Der Kampf gegen Wilderer brachte mir viele Feinde ein – und am Ende zahlte ich für mein Engagement mit dem Leben. Aber bereut habe ich es nicht, denn wenn du den Wert allen Lebens erkennst, denkst du weniger über die Vergangenheit nach und konzentrierst dich mehr auf den Erhalt der Zukunft. Heute gibt es eine nach mir benannte Stiftung, den *Dian Fossey Gorilla Fund International.* Sie setzt meine Arbeit fort und erforscht und schützt nicht nur die Gorillas, die ich so sehr geliebt habe, sondern arbeitet daran, die Bedingungen für ein friedvolles Nebeneinander von Tieren und Menschen vor Ort zu schaffen, damit beide Seiten vom gegenseitigen Respekt profitieren.

Jane Goodall

1934

Aufgrund der Zeit, die ich mit Schimpansen verbracht habe, weiß ich viel über den Menschen. Wer Primaten beobachtet, dem wird die Bedeutung vom Leben in einer Gemeinschaft und von der Kooperation mit Blick auf ein gemeinsames Ziel klar. Wir alle könnten viel lernen, wenn wir Tiere als Individuen betrachten würden, die – wie wir selbst – Gefühle empfinden. Ich habe jahrelang im Kontakt mit diesen Menschenaffen gelebt und DANK IHNEN HABE ICH GELERNT, WAS ES HEISST, DIE NATUR ZU RESPEKTIEREN UND IN HARMONIE MIT DER UMGEBUNG ZU LEBEN. Für sie habe ich das *Jane-Goodall-Institut* ins Leben gerufen, um das Verständnis für die Rechte der Tiere – Grundrechte, die jedem Lebewesen zustehen sollten, – zu fördern, denn WIR SIND NICHT DIE EINZIGEN, DIE SCHMERZ EMPFINDEN UND LEIDEN.

Ich habe mich nicht von Anfang an für Schimpansen interessiert, sondern zunächst für Tierverhaltensforschung, ohne besonderes Ziel. Erst der Paläoanthropologe Louis Leakey schlug mir vor, diese Primatenart zu erforschen – ihm werde ich ewig dankbar sein dafür.

Ich verliebte mich sofort in sie – und DIESE LIEBE DAUERT BIS HEUTE AN! Den Schimpansen widmete ich die meiste Zeit meines Lebens und habe dabei EINE UNGLAUBLICHE ENTDECKUNG NACH DER ANDEREN GEMACHT.

So konnte ich beobachten, dass auch sie einfache Werkzeuge wie einen Stock zur Nahrungssuche verwenden – etwa, um in Ritzen von Baumrinden nach Würmern und Larven zu suchen. Meine schönste Erfahrung aber war die Teilnahme am gemeinschaftlichen Umgang: die Umarmung einer Schimpansenmutter und ihres Kindes, das gemeinsame Schmusen, das Spiel der Kleinen ... und in der Tat, wenn ein Schimpansenbaby dich anschaut, ist es, als blicke dich ein menschliches Baby an. WIR TRAGEN VERANTWORTUNG FÜR DIESE LEBEWESEN.

Vivienne Westwood 1941

In dem, was ich tat, war ich stets extrem. Mein Motto könnte man so beschreiben: „Zieh dich im Zweifel übertrieben an. Übertreibe!" Ich widmete mich mit Herz und Seele dem Leben, der Mode und dem Kampf für Umweltschutz – und das mit einer instinktiven, fast brutalen Leidenschaft, der wirksamen Waffe gegen vorherrschenden Konformismus. Nachdem ich als Modedesignerin der Punk-Ära das Gesicht einer ganzen Generation verändert hatte, beschloss ich, EINE WICHTIGE BOTSCHAFT ZUR AUSWIRKUNG DES MENSCHEN AUF DAS KLIMA UND DIE UMWELT ZU VERBREITEN, AUCH DURCH VON MIR ENTWORFENE KLEIDER. So wollte ich etwas für den Schutz kommender Generationen tun.

In meinen Kollektionen findet sich nicht das kleinste Detail von leidenden Tieren. MEINE KLEIDER SIND FREI VON GRAUSAMKEITEN! Auch sorge ich strikt dafür, dass sie mit möglichst geringem Energieaufwand produziert werden, und vermeide nicht-erneuerbare Energien. Einer meiner Slogans lautet: „Kaufe weniger, wähle mit Bedacht und mach es haltbar." Meine Aktionen für den Umweltschutz sind berühmt: etwa zum Schutz der Arktik, meine Anti-Fracking-Proteste oder die T-Shirts, die ich zusammen mit der französischen Zeitschrift *Marie Claire* und dem Öko-Label *People Tree* zur Unterstützung der indigenen Völker am Amazonas herausgebracht habe. Denn: WIR SIND VERSCHWENDERISCH MIT DEN SCHÄTZEN DER ERDE UMGEGANGEN UND DÜRFEN SIE NICHT LÄNGER AUSBEUTEN!

Chico Mendes

1944-1988

ICH WAR NICHT VON ANFANG AN EIN UMWELTSCHÜTZER, sondern zunächst ein Kautschukzapfer und Gewerkschaftsführer.

Meine ersten Auseinandersetzungen trug ich im Namen der übervorteilten Bauern aus. Was als Kampf für mehr soziale Gerechtigkeit und die Verteidigung der ausgebeuteten Klassen begann, weitete sich später auf den Kampf um den Regenwald am Amazonas aus, der immer stärker von Abholzung bedroht wurde. Zuerst dachte ich, ich kämpfe für den Erhalt der Kautschukbäume, dann dachte ich, ich kämpfe für den Amazonas-Regenwald. Heute weiß ich, dass ich für die Menschheit kämpfe. Wenn wir nicht begreifen, dass wir mit dem Planeten, auf dem wir leben, unmittelbar verbunden sind, wird es für niemanden eine Hoffnung geben. Wenn wir ihn zerstören, zerstören wir uns selbst.

Meine Botschaft wurde weit über das Amazonas-Gebiet hinaus getragen und erreichte schließlich den US-Senat und viele Länder weltweit. Aber meine Aktionen und Ideen ärgerten manche. MIR GELANG ES, EINIGE SCHUTZGEBIETE ZU SICHERN, IN DENEN DER MENSCH UND DIE NATUR KOEXISTIEREN KONNTEN. Ich habe Vorschläge für die Verteidigung der „Völker des Waldes" gemacht, die breite Zustimmung erfuhren. Einige aber wollten meinen entschiedenen Eintritt für den Schutz der Natur und ihrer Bewohner nicht länger tolerieren und beschlossen, mich zum Schweigen zu bringen. 1988 wurde ich aus Wut über meine Kampagnen zum Schutz des Regenwaldes von einem Großgrundbesitzer ERMORDET. Viele folgten jedoch meinem Beispiel, denn IM ANGESICHT SCHREIENDER UNGERECHTIGKEIT KÖNNEN WIR NICHT SCHWEIGEN.

Al Gore
1948

Auch wenn es merkwürdig erscheint: Ich wurde eher berühmt für meinen Auftritt in einem Dokumentarfilm über die weltweite Erderwärmung als dafür, Vizepräsident der USA gewesen zu sein.

Eine unbequeme Wahrheit kam 2006 in die Kinos – der Film war äußerst beliebt und auch ökonomisch sehr erfolgreich! Ich kann mit Stolz sagen, dass ein Großteil der Erlöse zur Förderung des Bewusstseins für den Klimawandel gespendet wurde. Dieser weltweit wichtige Aspekt unserer Lebenswirklichkeit beunruhigt mich am meisten und auf ihn lenke ich meine ganze Aufmerksamkeit. Denn tatsächlich glaube ich: WIR KÖNNEN DIE KLIMAKRISE BEWÄLTIGEN. Es wird gewiss nicht leicht, doch wenn wir uns dafür entscheiden, wird es uns gelingen – da bin ich sicher!

Zusammen mit dem Weltklimarat erhielt ich 2007 den FRIEDENSNOBELPREIS. Im selben Jahr organisierte ich ein Mega-Event mit acht Konzerten in Städten verschiedener Kontinente, um das Bewusstsein der jungen Generation für die Klimakrise zu schärfen. Mit was, wenn nicht mit Musik, der universellen Sprache, lässt sich klarmachen, dass die Rettung des Planeten jeden Einzelnen in jedem Winkel der Erde etwas angeht? Die Konzertreihe *LIVE EARTH* WAR ÜBERAUS WICHTIG und trug zweifelsfrei zur Aufklärung vieler Menschen bei. Doch mein Kampf um das Wohl der Umwelt und daher der Menschheit war damit nicht beendet. 2017 kam ein zweiter Dokumentarfilm heraus: *Immer noch eine unbequeme Wahrheit – Unsere Zeit läuft*. Ich bin zutiefst davon überzeugt: ALLES LIEGT IN DER HAND DER GEGENWÄRTIGEN GENERATION – wir müssen eine Entscheidung treffen, und unsere Wahl werden die nachfolgenden Generationen entweder bedauern oder feiern.

Steve Sawyer

1956–2019

Zu Greenpeace kam ich als junger Mann, der noch keine Vorstellungen über seine Zukunft hatte. Ich wusste nur: Sie sollte mit Umweltschutz und den Weltmeeren zu tun haben. Also heuerte ich auf dem kurz zuvor von Greenpeace erworbenen Schiff *Rainbow Warrior* an – und tauchte in das gefährliche Abenteuer auf dem Pazifik ein, um DIE ATOMTESTS IN POLYNESIEN ZU BEENDEN. Wir haben alle möglichen Aktionen durchgeführt, von Demonstrationen bis zur Evakuierung der Bevölkerung des Rongelap-Atolls, der nordwestlichen Marschallinseln, um sie vor Krankheiten durch Atomstrahlen zu bewahren. Was als kaum definiertes Projekt begann, wurde zur Mission, die mich mein Leben riskieren ließ und mich zu einem der führenden Köpfe von Greenpeace machte. Mein Credo lautet: DIE UMWELT MUSS ZUR NUMMER EINS AUF DER AGENDA DER WELT WERDEN!

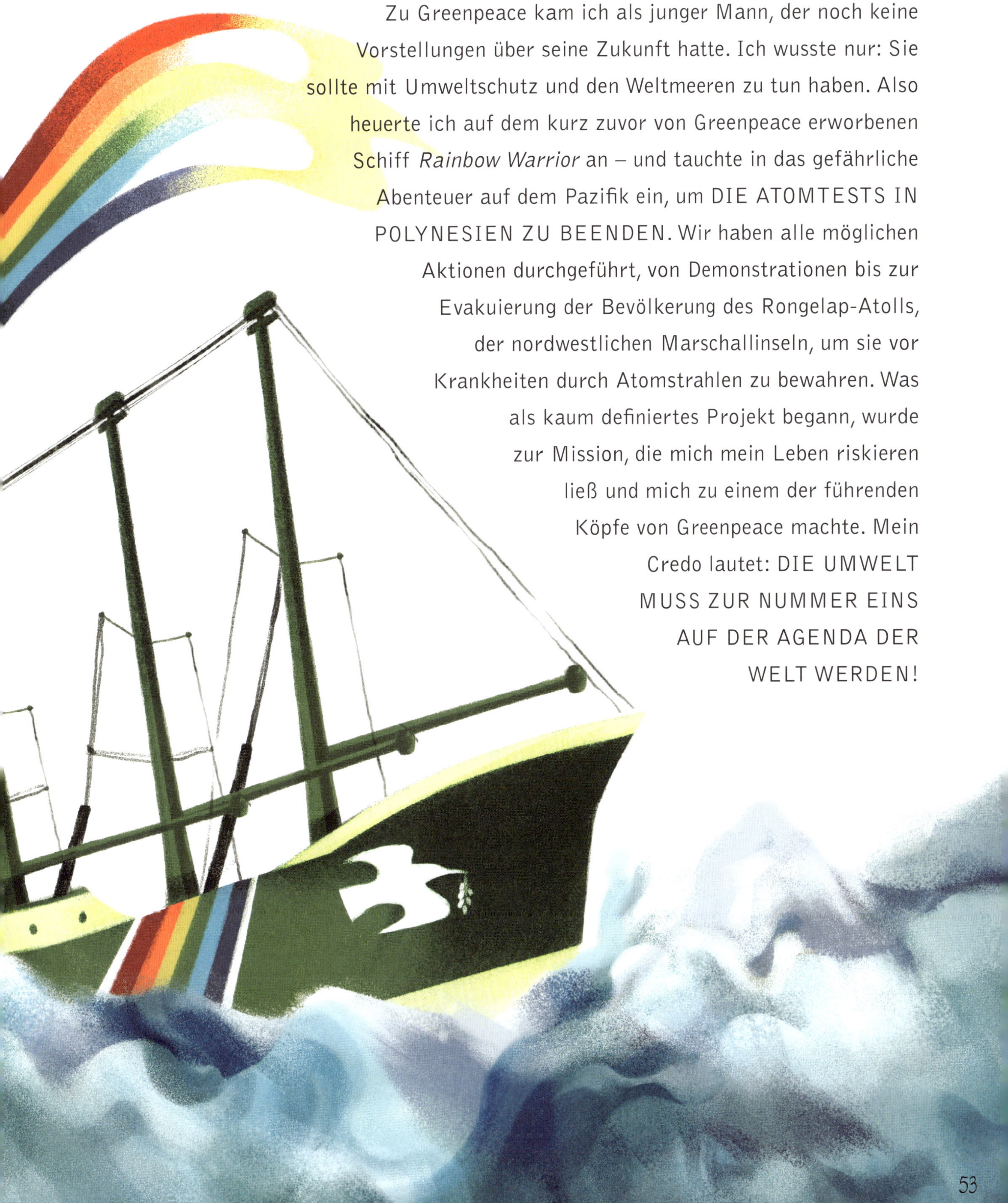

Kurz vor meinem 29. Geburtstag ahnte ich noch nicht, dass ich mein Leben verlieren könnte. Dass dies nicht geschah, habe ich allein dem Schicksal zu verdanken. Eine Bombe auf der *Rainbow Warrior* tötete Fernando Pereira, einen Fotografen, und rief weltweite Proteste hervor. Sie halfen der Greenpeace-Operation und führten zu wichtigen Ergebnissen – darunter auch DAS ENDE DER ATOMTESTS EINIGER REGIERUNGEN. Auf der Suche nach neuen Aufgaben widmete ich mich in den letzten Jahren meines Lebens erneuerbaren Energiequellen, allen voran der Windenergie, und wurde Mitbegründer des Global Wind Energy Councils (GWEC). Ich glaube, DIE DRAMATISCHEN AKTIONEN, FÜR DIE WIR EINST BEKANNT WAREN, SIND HEUTE NICHT MEHR NOTWENDIG, UM MENSCHEN AUF UMWELTPROBLEME AUFMERKSAM ZU MACHEN. Manchmal müssen wir nur darauf hinweisen - das genügt.

Cindy Lowry 1956

Seit über 20 Jahren widme ich mich Umweltfragen – zunächst als Direktorin von Greenpeace in Alaska, später in der Leitung der Oceans Public Trust Initiative (OPTI) zum Schutz der natürlichen Ressourcen von Meeren und Küsten. ÖKONOMISCHE UND POLITISCHE INTERESSEN BEDROHEN DAS ÖKOSYSTEM DER OZEANE, dessen fragiles Gleichgewicht heute bereits stark gefährdet ist. Ich glaube, der Öffentlichkeit muss das auf allen Ebenen noch viel bewusster werden, damit das, was für alle gut ist, nicht in die falschen Hände gerät. Ich habe mich immer dafür eingesetzt, dass die Natur die Aufmerksamkeit erhält, die ihr zusteht. In der Vergangenheit habe ich durch meine Arbeit mit Walen in Barrow, Alaska, große Beachtung in den Medien erfahren, und ich bin auch weiterhin an vielen ökologischen Initiativen beteiligt, damit die MENSCHEN ANFANGEN, SICH MIT MEERESRAUM- UND ÖKOSYSTEMPLANUNG UND DEN GLOBALEN ASPEKTEN DARIN ZU BESCHÄFTIGEN.

Im September 1988 WAR ICH AN EINER RETTUNGSAKTION BETEILIGT, DIE WELTWEITE BEACHTUNG FAND. Über die Geschichte wurde ein Buch geschrieben und ein Film mit dem deutschen Titel *Der Ruf der Wale* gedreht: Vor der Küste von Barrow waren drei Grauwale lebensbedrohlich im Eis gefangen. Wir taten alles, um sie zu befreien, und drängten selbst die sowjetische und die US-Regierung dazu, zusammenzuarbeiten – zu einer Zeit, als der Kalte Krieg noch immer die Welt teilte. Es war ein riskantes und gefährliches Unterfangen und tagelang hielt die Welt den Atem an. Schließlich glückte die Aktion und wurde ein Sieg für alle Seiten.
DIE AUGENBLICKE VOR DER BEFREIUNG DER WALE WERDE ICH NIE VERGESSEN.
Ich sah sie an und dachte: „Meine Güte, ich glaube, ihr könnt nach Hause."

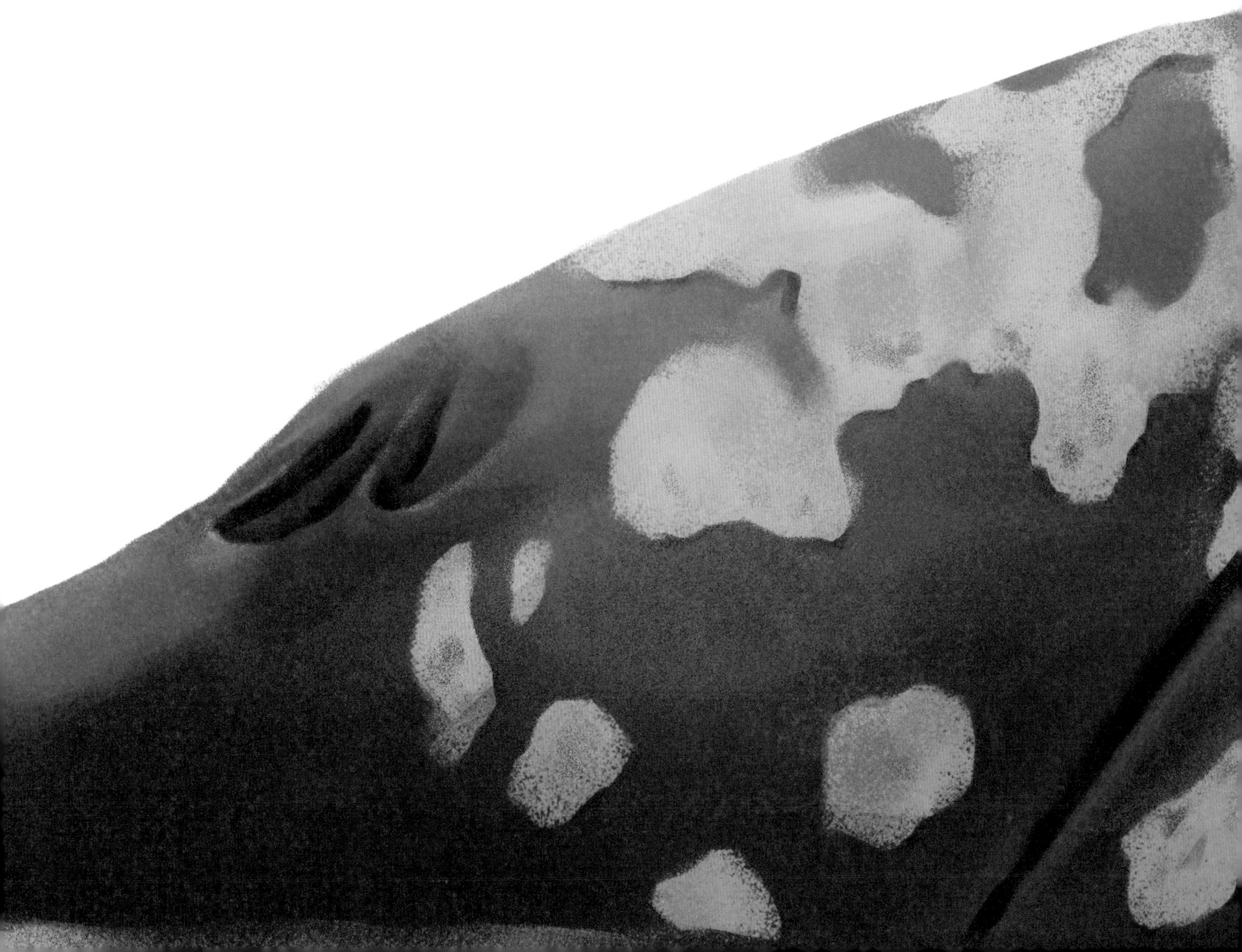

J. Michael Fay

1956

Ich bin so viel gelaufen, dass meine Füße bluteten, doch ALS ICH DURCH DIE TROPENWÄLDER AFRIKAS STREIFTE, UM DEREN GEHEIMNISSE ZU ENTHÜLLEN, HABE ICH MICH SO GUT WIE NIE GEFÜHLT. Die Natur ist tatsächlich in der Lage, dem Menschen mehr zu geben, als er je zurückgeben kann. Ich bin in Afrika nicht nur über Land gegangen, sondern habe im MegaFlyover-Projekt den Kontinent zudem aus der Luft gesehen – und auch, wie viele der wertvollsten Schätze unseres Planeten noch immer existieren. Doch wenn mich jemand fragte, was ich am meisten liebe, könnte ich nur antworten: „Auf der Erde zu gehen", denn dies ist die einzige Art, wirklich in Berührung mit der Natur zu gelangen. Ich glaube, diese Botschaft hat bei vielen Regierungen zum Verständnis der Bedeutung von Naturschutz beigetragen. Das führte zur Schaffung zahlreicher Naturreservate, die zum Erhalt unseres Planeten so wichtig sind.

Zusammen mit Fotografen wie dem berühmten Nick Nichols, der viele National Geographic-Projekte begleitete, rief ich das MegaTransect-Projekt ins Leben: eine weitreichende Forschungskampagne zur Erkundung der Tropenwälder Zentralafrikas zwischen Kongo und Gabun. Das Projekt sollte einer breiten Öffentlichkeit ermöglichen, anhand von Fotos und Videos zu erfahren, WIE VIEL ARBEIT NOTWENDIG IST, UM DEN REICHTUM DER NATUR, DER NACH WIE VOR AUF DEM RIESIGEN AFRIKANISCHEN KONTINENT UND DARÜBER HINAUS VORHANDEN IST, ZU BEWAHREN. Um den menschlichen Fortschritt und seine ökologischen Auswirkungen einzudämmen, bedarf es weit mehr als der Forschung. DOCH DAS BEWUSSTSEIN DER AUSWIRKUNGEN UNSERES HANDELNS AUF DIE WELT KÖNNTE UNSEREM PLANETEN SEHR ZUGUTEKOMMEN. NUR WENN WIR WEITERGEHEN, WERDEN WIR DAS RÄTSEL LÖSEN.

Erin Brockovich

1960

Auch wenn ich keine Anwältin bin, habe ich EINEN PROZESS GEGEN EIN GAS- UND ELEKTRIZITÄTSWERK ANGESTRENGT, AN DESSEN ENDE DAS UNTERNEHMEN HUNDERTE MILLIONEN US-DOLLAR ZAHLEN MUSSTE. In Hinkley, einem kleinen Ort in Kalifornien, lag die Rate der Krebserkrankungen weit höher als irgendwo sonst, und es war offensichtlich, dass etwas in der Umwelt für die schweren und tragischen Krankheiten verantwortlich war. Ich recherchierte – obwohl viele das für Zeitverschwendung hielten – und konnte eine Verbindung zwischen der Firma und dem Vorkommen von umweltschädlichem, sechswertigem Chrom im Trinkwasser des Ortes nachweisen. Viele haben meine unorthodoxen Methoden kritisiert, ich aber führte meinen Kampf fort, ohne mich um das Gerede der Leute zu kümmern, denn ich dachte stets:

„WENN DU DEINEM HERZEN FOLGST, IN DICH HINEINHORCHST
UND ANDEREN DEINE HILFREICHE HAND REICHST –
NICHT FÜR IRGENDETWAS, SONDERN ZUM WOHLE
DER MENSCHHEIT –, DANN FINDEST
DU DIE WAHRHEIT!"

Meine Geschichte wurde verfilmt – und ich habe dabei eine Kellnerin gespielt. Das erinnerte mich an meine Jugend, als ich zur Miss Pacific Coast gekürt wurde. In einem alles entscheidenden Moment traf ich EDWARD L. MASRY: Der Anwalt half mir, einen der größten Umweltprozesse der Geschichte zu gewinnen. Damals war ich eine junge, willensstarke Frau, die wusste, dass sie etwas bewirken konnte. Nachdem ich vor Gericht gesiegt hatte, machte ich entschlossen weiter und überwand noch so manches Hindernis in meinem Leben. Mit demselben Mut kämpfe ich weiter für eine saubere Umwelt, in der Menschen sicher leben können ... nach dem Motto: „Das Leben steckt voller Herausforderungen. Wie du sie angehst, formt deinen Charakter!" DESHALB: HABE NIEMALS ANGST, DER MENSCH ZU SEIN, DER DU BIST!

Javier Goyeneche

1970

Man könnte sagen, ich sei beides: ein Unternehmer und ein Umweltaktivist. Denn mir ist es in einem ambitionierten Projekt gelungen, beide Seiten zusammenzubringen, indem ich UMWELTFREUNDLICHE KLEIDUNG ENTWERFE. Was das bedeutet? Ich produziere Mode, die komplett aus recycelten Materialien hergestellt wird und somit keine natürlichen nicht-erneuerbaren Rohstoffe verbraucht. Meine Idee, ein profitables Unternehmen zu gründen, das die Ressourcen der Erde respektiert, wurde zur Inspirationsquelle für zahlreiche Geschäftsleute, die jetzt ihre Unternehmen umweltfreundlich umbauen. Und sie hat eine wichtige Botschaft transportiert, nämlich: DU KANNST GESCHÄFTE MACHEN UND DEN PLANETEN RETTEN.

All dies führte 2009 zur Gründung von Ecoalf - eine Wortschöpfung, die aus dem Wort Ökologie und dem Namen meines Sohnes Alfred gebildet ist. Lange hatte ich über die Umwelt nachgedacht, die meine Generation der nächsten übergeben würde: EINE NOCH STÄRKER VERSCHMUTZTE UND IN SACHEN NATURRESSOURCEN NOCH ÄRMERE WELT. Und ich beschloss, endlich etwas Substanzielles zu tun und so entstand die Idee, EINE KLEIDERLINIE AUF DER BASIS VON WIEDERVERWERTETEM PLASTIK ZU ENTWICKELN: ein Material, das in der Natur entweder gar nicht oder erst nach unendlich langer Zeit zerfällt. Ich habe viel investiert, um eine Produktionsmethode zu entwickeln, die die Umwelt so gering wie möglich belastet – und gewiss ebenso viel für ein breites Verständnis vom Wert meines Produkts. Doch ich glaube, ich habe einfach meine Pflicht als Mensch getan. WIR KÖNNEN NICHT AUF DIESEM PLANETEN WEITERLEBEN UND SO TUN, ALS HÄTTEN WIR EINEN ZWEITEN ZUR VERFÜGUNG.

Julia Butterfly Hill

1974

In dem Song *Can't Stop* der US-amerikanischen Rockband Red Hot Chili Peppers lautet eine Zeile: „J. Butterfly sitzt in der Baumspitze". Sie bezieht sich auf meine meistbeachtete Aktion für den Umweltschutz. DAMALS LEBTE ICH ZWEI JAHRE LANG IN EINEM KÜSTENMAMMUTBAUM, um die Bäume in Humboldt County/Kalifornien vor dem Abholzen zu bewahren. Ich hatte zuvor gar nicht lange darüber nachgedacht, MEINE LEIDENSCHAFT TRIEB MICH AN. Und als ich wieder am Boden war, hörte ich nicht auf zu kämpfen, weder in den USA noch in Südamerika, und half, das öffentliche Bewusstsein für Ökologie zu wecken. Schon bald war ich davon überzeugt, dass jeder seinen Teil dazu beitrüge, wenn er gerufen würde. Denn IM INNERSTEN EINES JEDEN MENSCHEN SCHLÄGT EIN GUTES HERZ. Aber nicht alle setzen sich aus dieser Liebe heraus aktiv für die Umwelt ein - es liegt an uns, ihnen den Weg zu weisen.

SAVE FARM

738 Tage – so lange lebte ich in Luna: Das war der Name des Mammutbaums, dessen Äste mich beherbergten, und dem ich mein Buch *Die Botschaft der Baumfrau* gewidmet habe. Alles begann auf einer Reise mit Freunden. Damals begriff ich, dass die Abholzung zu irreparablen Schäden in weiten Teilen Kaliforniens führen würde. Als ich den Baum hinaufkletterte, stellte ich mir keinesfalls vor, so lange in Luna zu bleiben, aber ich habe meine Entscheidung nie bereut – nicht nur, weil ich auf diese Weise die Sägen der Abholzungsfirma fern von ihm hielt, sondern weil ich zum Vorbild für andere wurde. WENN WIR ALLE UNS MEHR UM UNSERE NATÜRLICHE UMGEBUNG KÜMMERN WÜRDEN, WÄRE DIE ERDE EIN BESSERER ORT ZUM LEBEN. Bis heute wache ich morgens auf und frage mich, was ich tun kann: Wie kann ich heute der Welt helfen?

Leonardo DiCaprio 1974

Einer von Hollywoods berühmtesten und bestbezahlten Schauspielern zu sein, bedeutet nicht viel, wenn du gezwungen bist, in einer vergifteten Welt zu leben, in der viele der Umwelt und den Hilflosesten und Verletzlichsten gegenüber abstumpfen – ein Beispiel ist der Umgang mit den indigenen Bevölkerungen, deren Umwelt durch staatlichen und privatwirtschaftlichen Raubbau geschädigt wird. Mein Gesicht in den Dienst von Umwelt- und Menschenrechtsinitiativen zu stellen, hat viele dazu animiert, meine Anliegen zu unterstützen und sich an die Seite der Natur und der Hilflosen zu stellen. Ich will meinen Teil beitragen – nicht nur, indem ich große Summen für den Umweltschutz spende, sondern meinen Alltag im Einklang mit meinem Engagement für die Umwelt lebe, denn VON UNSEREM SCHUTZ DER NATUR IST UNSER ÜBERLEBEN ABHÄNGIG.

Mein Engagement für den Umweltschutz wird wohl am besten in dem National Geographic-Dokumentarfilm *Before the Flood* deutlich: Darin beschreibe ich während einer Reise meine Beobachtungen diverser Phänomene, die die Auswirkungen des Klimawandels zeigen. Ich traf Forscher, Umweltaktivisten und Politiker, um zu verstehen, was für die Zukunft unserer Erde getan werden muss. 2019 produzierte ich einen weiteren Dokumentarfilm zu diesen Themen, *Ice on Fire*, denn ich wollte betonen: UM IRREPARABLE SCHÄDEN ZU VERMEIDEN, MÜSSEN WIR SCHNELL UND EFFEKTIV HANDELN!

Ich glaube, dass es noch nicht zu spät ist, doch wir müssen sofort handeln, denn es gibt Lösungen ...
ABER DIE UHR TICKT!

Boyan Slat 1994

Anders als Umweltaktivisten, die skeptisch gegenüber technischem Fortschritt sind oder ihn gar unverhohlen ablehnen, bin ich davon überzeugt, dass TECHNIK ALS WERTVOLLES INSTRUMENT IM KAMPF GEGEN UMWELTVERSCHMUTZUNG und zum Schutz des natürlichen Gleichgewichts dienen kann. 2013 gründete ich *The Ocean Cleanup* und verband darin meine beiden Leidenschaften – für die Umwelt und für technische Systeme. Damals war ich noch nicht 20, doch ich wusste: Ich selbst muss meinen Teil dazu beitragen, um das Problem des Plastikmülls, der von der Strömung in alle Meere getragen wird, zu lösen. Mein Projekt ist langfristig angelegt und erfordert nie dagewesene ökonomische und technische Mittel, doch es kann effektiv zur Eliminierung von Plastikmüll, der das Ökosystem der Weltmeere bedroht, beitragen. Denn ich glaube, DAS PROBLEM DER MÜLLBERGE IN DEN WELTMEEREN GEHÖRT DERZEIT ZU DEN GRÖSSTEN UMWELTHERAUSFORDERUNGEN DER MENSCHHEIT.

Als ich in den vermeintlich klaren Gewässern der griechischen Ägäis tauchte, entdeckte ich in der Tiefe mehr Müll als Meerestiere. Obwohl ich damals noch ein Teenager war, wurde mir sofort klar, wie alarmierend die Lage war. ICH BEGANN, EIN SYSTEM ZU ENTWICKELN, MIT DEM SICH DAS WASSER REINIGEN LÄSST, um meiner und den nachfolgenden Generationen eine intakte, unverdorbene Natur zu sichern. So wurde *The Ocean Cleanup* geboren: ein umfassendes Projekt, DAS ALLE TECHNISCHEN MITTEL NUTZT, UM JEDEN EINZELNEN PARTIKEL SCHÄDLICHEN MATERIALS IM MEER EINZUSAMMELN UND ZU ENTSORGEN. Technik darf nicht als Feind angesehen werden, sondern dient vielmehr als wirksamstes Mittel der Veränderung. Sie ist ein Verstärker all unserer menschlichen Fähigkeiten.

Greta Thunberg

2003

Ich heiße Greta – und heute ist mein Name auf der ganzen Welt bekannt. Zunächst war ich als Einzelkämpferin aktiv, aber MEINE BOTSCHAFT ERREICHTE DIE ÖFFENTLICHKEIT und viele folgen inzwischen meinem Beispiel. Für die einen bin ich eine Heldin, anderen ein Dorn im Auge. Manche möchten mich zum Schweigen bringen, sie sagen, ich sei zu klein und hätte keine Ahnung. Doch junge Leute sind auf meiner Seite und auch viele Erwachsene lernen meine Ideen zu schätzen. Ich bin direkt und kompromisslos, aber auch zutiefst davon überzeugt, dass ich schnell handeln muss, um meine Zukunft und die meiner Generation zu sichern. Überhaupt: Ob ich beliebt bin oder nicht, ist mir egal – aber Klimagerechtigkeit und unser lebendiger Planet sind es nicht!

Ich habe von brennenden Wäldern gehört, über den verheerenden Zustand unseres Planeten und den Klimawandel gelesen. Ich wusste nicht, was ich tun sollte, wollte aber nicht nur tatenlos zusehen. Ich fragte mich, was aus unserer Erde und meiner Generation wird …
UND BESCHLOSS, DASS ES ZEIT WURDE ZU HANDELN.
Und so saß ich monatelang vor dem schwedischen Parlament, um Politiker davon zu überzeugen, Maßnahmen einzuleiten, die den CO_2-Ausstoß reduzieren. Später protestierte und streikte ich friedlich weiter, jeden Freitag. Daraus entstand die Schülerbewegung *Fridays for Future.* Doch das war nur der Anfang. Viele junge Leute folgten meinem Beispiel und unterstützen seither meine Ideen. Heute weiß ich: Ich bin nicht allein, viele Menschen sorgen sich um die Umwelt – und
NIEMAND IST ZU KLEIN, UM ETWAS ZU BEWIRKEN.

ISABELLA GROTT

Isabella kam 1985 in der italienischen Stadt Rovereto zur Welt und absolvierte das Institut für Kunst in Trient. Anschließend ging sie nach Florenz und wurde 2007 an der dortigen Kunstakademie die Beste in ihrer Klasse für malerische Gestaltung. Drei Jahre später ging sie an die Nemo Academy of Digital Arts, tauchte danach in die Welt der Kinderbücher ein und arbeitete für zahlreiche Verlage. Heute lebt sie, zusammen mit ihrer Katze *Miss Murple* in Florenz und ist freiberuflich als Illustratorin und Dozentin an der Nemo Academy tätig. Für White Star Kids hat sie bereits mehrere Kinderbücher illustriert.

FEDERICA MAGRIN

Federica wurde 1978 in der italienischen Stadt Varese geboren und arbeitet seit mehr als einem Jahrzehnt in der Verlagsbranche – zuerst als Verlagslektorin bei Edizioni De Agostini und heute als freiberufliche Autorin und Herausgeberin. Ihr Schwerpunkt sind Kinderbücher, aber sie schreibt auch Lehrbücher und Erzählungen und übersetzt Romane. Für White Star hat sie bereits mehrere Titel herausgegeben.